alphabet
republican

6778

ALPHABET RÉPUBLICAIN FRANÇAIS.

La mort plutôt que l'esclavage !
C'est la devise des Français.

A PARIS,
RUE THIBAUTODÉ, N°. 6.

L'AN II DE LA RÉPUBLIQUE FRANÇAISE.

a, b, c, d, e,
f, g, h, i, j,
k, l, m, n, o,
p, q, r, s, t,
u, v, x, y, z.

A, B, C, D, E, F, G,
H, I, J, K, L, M, N,
O, P, Q, R, S, T, U,
V, X, Y, Z, &.

ba	be	bi	bo	bu.
ca	ce	ci	co	cu.
da	de	di	do	du.
fa	fe	fi	fo	fu.
pha	phe	phi	pho	phu.
ga	ge	gi	go	gu.
ha	he	hi	ho	hu.
ja	je	ji	jo	ju.
la	le	li	lo	lu.
ma	me	mi	mo	mu.
na	ne	ni	no	nu.
pa	pe	pi	po	pu.
qua	que	qui	quo	quu.
ra	re	ri	ro	ru.

a, b, c, d, e,
f, g, h, i, j,
k, l, m, n, o,
p, q, r, s, t,
u, v, x, y, z.

A, B, C, D, E, F, G,
H, I, J, K, L, M, N,
O, P, Q, R, S, T, U,
V, X, Y, Z, &.

ba	be	bi	bo	bu.
ca	ce	ci	co	cu.
da	de	di	do	du.
fa	fe	fi	fo	fu.
pha	phe	phi	pho	phu.
ga	ge	gi	go	gu.
ha	he	hi	ho	hu.
ja	je	ji	jo	ju.
la	le	li	lo	lu.
ma	me	mi	mo	mu.
na	ne	ni	no	nu.
pa	pe	pi	po	pu.
qua	que	qui	quo	quu.
ra	re	ri	ro	ru.

sa	se	si	so	su.
ta	te	ti	to	tu.
va	ve	vi	vo	vu.
xa	xe	xi	xo	xu.
za	ze	zi	zo	zu.

bla	ble	bli	blo	blu.
bra	bre	bri	bro	bru.
cra	cre	cri	cro	cru.
chra	chre	chri	chro	chru.
cla	cle	cli	clo	clu.
dra	dre	dri	dro	dru.
fra	fre	fri	fro	fru.
phra	phre	phri	phro	phru.

fla	fle	fli	flo	flu.
gra	gre	gri	gro	gru.
gla	gle	gli	glo	glu.
pla	ple	pli	plo	plu.
pra	pre	pri	pro	pru.
spa	spe	spi	spo	spu.
sta	ste	sti	sto	stu.
tra	tre	tri	tro	tru.
vra	vre	vri	vro	vru.

ÉGALITÉ, LIBERTE.

L'Ignorance fait des Esclaves ; la Raison fait des Républicains.

Rien ne rend les petits enfans plus aimables que la bonne éducation.

Les petits enfans qui font attention à ce que leur disent leurs mamans et leurs papas, apprennent bientôt à lire, et deviennent, en fort peu de temps, des petits bijoux accomplis. Tout le monde les aime et les regarde avec plaisir. On les mene promener. On leur achete les plus belles choses; Poupées, Tambours, petits moulins, gâteaux ronds, gâteaux carrés, gâteaux longs, gâteaux larges, petits et grands gâteaux ; poires, pommes, cerises, groseilles, prunes, pêches, raisins, etc. Bref, ils ne manquent d'aucunes douceurs. Ils sont parfaitement heureux. Ces jolis petits enfans savent lire les noms des rues ; les enseignes des Marchands, dont quelques-unes, par parenthèse, sont fort mal faites et pleines de fautes.

N'est-ce pas un grand plaisir que de lire des livres instructifs et amusans, et de savoir par cœur la Déclaration des Droits de l'Homme et du Citoyen? Si l'on veut connaître le nom du mois; quel jour il est; si la décade viendra bientôt, on regarde le Calendrier Républicain, et tout de suite on sait au juste, ce qu'il en est. Cela est charmant! Il est donc important d'apprendre à bien lire.

DÉCLARATION
DES DROITS
DE L'HOMME
ET DU CITOYEN.

LE Peuple Français, convaincu que l'oubli et le mépris des droits naturels de l'homme, sont les seules causes des malheurs du monde, a résolu d'exposer dans une déclaration solemnelle ces droits sacrés inaliénables, afin que tous les Citoyens, pouvant comparer sans cesse les actes du gouvernement avec le but de toute institution sociale, ne se laissent jamais opprimer et avilir par la tyrannie, afin que le peuple ait toujours devant les yeux les bases de sa liberté et de son bonheur, le Magistrat la règle de ses devoirs, le Législateur l'objet de sa mission.

En conséquence, il proclame, en présence de l'Être

Suprême, la Déclaration suivante des Droits de l'Homme et du Citoyen.

ARTICLE PREMIER.

Le but de la société est le bonheur commun.

Le gouvernement est institué pour garantir à l'homme la jouissance de ses droits naturels et imprescriptibles.

II. Ces droits sont l'égalité, la liberté, la sûreté, la propriété.

III. Tous les hommes sont égaux par la nature et devant la loi.

IV. La loi est l'expression libre et solemnelle de la volonté générale ; elle est la même pour tous, soit qu'elle protége, soit qu'elle punisse ; elle ne peut ordonner que ce qui est juste et utile à la société ; elle ne peut défendre que ce qui lui est nuisible.

V. Tous les Citoyens sont

également admissibles aux emplois publics. Les peuples libres ne connoissent d'autres motifs de préférence dans leurs élections, que les vertus et les talens.

VI. La liberté est le pouvoir qui appartient à l'homme de faire tout ce qui ne nuit pas aux droits d'autrui; elle a pour principe, la nature; pour règle, la justice; pour sauvegarde, la loi. Sa limite morale est dans cette maxime: *Ne fais pas à un autre, ce que tu ne veux pas qui te soit fait.*

VII. Le droit de manifester sa pensée et ses opinions, soit par l'usage de la presse, soit de toute autre manière ; le droit de s'assembler paisiblement, le libre exercice des cultes ne peuvent être interdits. La nécessité d'énoncer ses droits suppose ou la présence, ou le souvenir récent du despotisme.

VIII. La sûreté consiste

dans la protection accordée par la Société à chacun de ses membres, pour la conservation de sa personne, de ses droits et de ses propriétés.

IX. La loi doit protéger la liberté publique et individuelle contre l'oppression de ceux qui gouvernent.

X. Nul ne doit être accusé, arrêté ni détenu, que dans les cas déterminés par la loi, et selon les formes qu'elle a prescrites. Tout Citoyen appelé ou saisi par l'autorité de la loi, doit obéir à l'instant : il se rend coupable par la résistance.

XI. Tout acte exercé contre un homme, hors des cas et sans les formes que la loi détermine, est arbitraire et tyrannique ; celui contre lequel on voudrait l'exécuter par la violence, a le droit de le repousser par la force.

XII. Ceux qui solliciteraient, expédieraient, signeraient, exécuteraient ou feraient exécuter des actes arbitraires, sont coupables et doivent être punis.

XIII. Tout homme étant présumé innocent jusqu'à ce qu'il ait été déclaré coupable, s'il est jugé indispensable de l'arrêter, toute rigueur qui ne serait pas nécessaire pour s'assurer de sa personne, doit être sévèrement réprimée par la loi.

XIV. Nul ne doit être jugé et puni qu'après avoir été entendu ou légalement appelé, et qu'en vertu d'une loi promulguée antérieurement au délit. La loi qui punirait des délits commis avant qu'elle existât, serait une tyrannie. L'effet rétroactif donné à la loi serait un crime.

XV. La loi ne doit décerner que des peines strictement et évidemment nécessaires ; les peines doivent être proportionnées aux délits, et utiles à la société.

XVI. Le droit de propriété est celui qui appartient à tout Citoyen de jouir et de disposer à son gré de ses biens, de ses revenus, du fruit de son travail et de son industrie.

XVII. Nul genre de travail, de culture, de commerce, ne peut être interdit à l'industrie des Citoyens.

XVIII. Tout homme peut engager ses services, son temps; mais il ne peut se vendre ni être vendu. Sa personne n'est pas une propriété aliénable.

La loi ne connaît point de domesticité ; il ne peut exister qu'un engagement de soins, de reconnaissance entre l'homme qui travaille et celui qui l'emploie.

XIX. Nul ne peut être privé de la moindre portion de sa propriété sans son consentement, si ce n'est lorsque la nécessité publique légalement constatée l'exige, et sous la condition d'une juste et préalable indemnité.

XX. Nulle contribution ne peut être établie que pour l'utilité générale. Tous les Citoyens ont droit de concourir à l'établissement des contributions, d'en surveiller l'emploi, et de s'en faire rendre compte.

XXI. Les secours publics sont une dette sacrée. La société doit la subsistance aux Citoyens malheureux, soit en leur procurant du travail, soit en assurant les moyens d'exister à ceux qui sont hors d'état de travailler.

XXII. L'instruction est le besoin de tous, et la société doit favoriser de tout son pouvoir les progrès de la raison publique, et mettre l'instruction à la portée de tous les Citoyens.

XXIII. La garantie sociale consiste dans l'action de tous, pour assurer à chacun la jouissance et la conservation de ses droits. Cette garantie repose sur la souveraineté nationale.

XXIV. Elle ne peut exister, si les limites des fonctions publiques ne sont pas clairement déterminées par la loi, et si la responsabilité de tous les fonctionnaires n'est pas assurée.

XXV. La souveraineté réside dans le peuple. Elle est une et indivisible, imprescriptible et inaliénable.

XXVI. Aucune portion du

peuple ne peut exercer la puissance du peuple entier ; mais chaque Section du souverain assemblée doit jouir du droit d'exprimer sa volonté avec une entière liberté.

XXVII. Que tout individu qui usurperait la souveraineté soit à l'instant mis à mort par les hommes libres.

XXVIII. Un peuple a toujours le droit de revoir, de réformer et de changer sa Constitution. Une génération ne peut assujétir à ses lois les générations futures.

XXIX. Chaque citoyen a un droit égal de concourir à la formation de la loi, et à la nomination de ses mandataires ou de ses agens.

XXX. Les fonctions publiques sont essentiellement temporaires ; elles ne peuvent être considérées comme des distinctions, ni comme des récompenses, mais comme des devoirs.

XXXI. Les délits des mandataires du peuple et de ses agens ne doivent jamais être impunis. Nul n'a le droit de se prétendre plus inviolable que les autres Citoyens.

XXXII. Le droit de présenter des pétitions aux dépositaires de l'autorité publique, ne peut, en aucun cas, être interdit, suspendu ni limité.

XXXIII. La résistance à l'oppression est la conséquence des autres droits de l'homme.

XXXIV. Il y a oppression contre le corps social, lorsqu'un seul de ses membres est opprimé: Il y a oppression contre chaque membre, lorsque le corps social est opprimé.

XXXV. Quand le gouvernement viole les droits du peuple, l'insurrection est pour le peuple, et pour chaque portion du peuple le plus sacré des droits et le plus indispensable des devoirs.

Signé, COLLOT D'HERBOIS,

Président ; Durand-Maillane, Ducos, Ch. Delacroix, Gossuin, P. A. Laloy *et* Maulle, *Secrétaires.*

LE SERMENT FRANÇAIS.

Je jure d'être fidèle à la Loi ; de maintenir de tout mon pouvoir la Liberté, l'Égalité et la Fraternité ; de défendre jusqu'à la mort l'Unité, l'Indivisibilité de la République ; de respecter les personnes et les propriétés.

DIVISION DE L'ANNÉE.

L'année française est composée de douze mois; chaque mois de trois décades; chaque décade de dix jours.

Voici les noms des douze mois. Vindémiaire, Brumaire, Frimaire, Nivose, Pluviose, Ventose, Germinal, Floréal, Préréal, Messidor, Thermidor et Fructidor.

Les dix jours de chaque Décade s'appellent ainsi:

Primidi, Duodi, Tridi,

Quartidi, Quintidi, Sextidi, Septidi, Octodi, Nonodi, Décadi.

Cinq jours de fêtes terminent l'année française. On les nomme : 1. Des Vertus, 2. du Génie, 3. du Travail, 4. de l'Opinion, 5. des Récompenses.

Le jour bissextilaire, qui arrive tous les quatre ans, s'appelle la SANS-CULOTIDE. Cette fête est consacrée à l'immortelle mémoire des Sans-culottes, fiers instituteurs de la Liberté Française. Ce sont eux qui en sont les plus fermes soutiens, les protecteurs les plus intrépides, les plus solides amans.

Malheur cent fois à qui cesse de respecter, d'adorer, de maintenir la Liberté! Il n'est pas digne de jouir de la lumière.

VIVE LA RÉPUBLIQUE!

UNITÉ,
INDIVISIBILITÉ
DE LA
RÉPUBLIQUE:
LIBERTÉ, ÉGALITÉ,
FRATERNITÉ,
OU
LA MORT

www.ingramcontent.com/pod-product-compliance
Lightning Source LLC
Chambersburg PA
CBHW061006050426
42453CB00009B/1292